ビジネスマナー
基礎実習 新版

- LESSON1 声を出してみよう ・・・・・・3
- LESSON2 指示の受け方・報告のしかた ・・・・・・4
- LESSON3 言葉遣い ・・・・・・9
- LESSON4 電話応対 ・・・・・・15
- LESSON5 受付と訪問 ・・・・・・23
- LESSON6 ビジネス文書 ・・・・・・34
- 常識資料集 ・・・・・・39
  - 敬語 ・・・・・・40
  - 応対 ・・・・・・42
  - 慶事と弔事 ・・・・・・45
  - ビジネス文書 ・・・・・・46

早稲田教育出版

LESSON 1
声を出してみよう

基礎問題

演習を行う前に、はっきりと声が出るように練習しましょう。

ア	エ	イ	ウ	エ	オ	ア	オ
カ	ケ	キ	ク	ケ	コ	カ	コ
サ	セ	シ	ス	セ	ソ	サ	ソ
タ	テ	チ	ツ	テ	ト	タ	ト
ナ	ネ	ニ	ヌ	ネ	ノ	ナ	ノ
ハ	ヘ	ヒ	フ	ヘ	ホ	ハ	ホ
マ	メ	ミ	ム	メ	モ	マ	モ
ヤ	エ	イ	ユ	エ	ヨ	ヤ	ヨ
ラ	レ	リ	ル	レ	ロ	ラ	ロ
ワ	ウェ	ウィ	ウ	ウェ	ウォ	ワ	ワォ

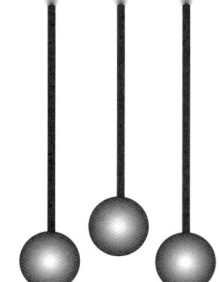

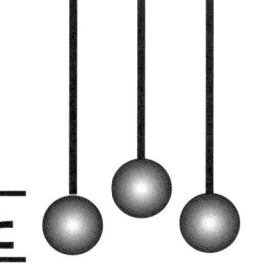

LESSON 2
指示の受け方・報告のしかた

基礎問題

1. 先生が上司となり指示を出します。指示を受けてください。

上　司	部　下
（　　　）くん、ちょっと。	
	はい。 お呼びでしょうか。 （メモを持参。聞く姿勢は少し前傾）
この資料をコピーして各課の課長に渡しておいて。（資料を渡す）	
	はい。
5部必要だな。 あとこのパンフレットを斎藤課長へ渡してください。（パンフレットを渡す）	
	はい。
あ、そうだ。営業部へ行ったら、秋山部長に貸している資料をついでに返してもらってきてくれるかな。	
	はい。かしこまりました。 復唱させていただきます。資料を5部コピーして各課長へ配布。そしてパンフレットを斎藤課長へ。秋山部長からは資料をお返しいただきます。
うん、じゃあ頼むね。	

応用問題

1. 先生が上司となり指示を出します。指示を受けてください。
   指示を書き込みましょう。

2. 先生が上司となり指示を出します。指示を受けてください。
   指示を書き込みましょう。

3. 先生が上司となり指示を出します。指示を受けてください。
　 指示を実行し、上司に報告してください。
　　指示を書き込みましょう。

4. 先生が上司となり指示を出します。指示を受けてください。
   指示を実行し、上司に報告してください。
   指示を書き込みましょう。

指示の受け方・報告のしかた

実践問題

次は秘書Aが、上司から指示を受けるときに心がけていることである。中から不適当と思われるものを選びなさい。

（1）初めての仕事の指示のときは、仕事のしかたと注意する点を確認するようにしている。
（2）指示の内容に分からないことがあったときは、最後にまとめて質問するようにしている。
（3）指示を確認するときは、数字などの他に、なぜそうするのかも尋ねるようにしている。
（4）同時に幾つかの指示を受けたときは、どれから先に行えばよいかを確認するようにしている。
（5）指示された期限に間に合いそうもない仕事は、そのことを伝え、他の人に手伝ってもらってよいか確認している。

秘書検定過去問題

LESSON 3 言葉遣い

基礎問題

1. 次の下線部の表現を、尊敬語にしましょう。

① 吉田様は応接室に<u>います</u>。

② そのことは、お客様が<u>言った</u>ことです。

③ 今、<u>食べますか</u>。

④ 今、専務が<u>見ています</u>。

⑤ どのように<u>しますか</u>。

⑥ こちらでコートを<u>着て</u>ください。

⑦ 本社に<u>行く</u>のですか。

⑧ <u>気に入りましたか</u>。

⑨ 先日の会議のことは、<u>聞いていますか</u>。

⑩ ○○様が<u>来る</u>時間です。

2. 下線部の表現を、適切な表現に改めましょう。

① 製品のことについては企画課で伺ってください。　　［　　　　　　］

② お約束のお客様が今、参りました。　　［　　　　　　］

③ こちらがパンフレットでございます。どうぞ、拝見されてください。

　　　　　　　　　　　　　　　　　　　　　　　　　　［　　　　　　］

④ どうぞこちらでお茶をいただいてください。　　［　　　　　　］

⑤ 課長が申した通りに斎藤工業さんにお届けいたしました。　　［　　　　　　］

⑥ コーヒーにいたしますか。お茶がよろしいでしょうか。　　［　　　　　　］

⑦ お客様、斎藤から何かお聞きしていらっしゃいますか。　　［　　　　　　］

⑧ あいにくでございますが、秋山部長は外出しております。　　［　　　　　　］

3. 間違いを正しく直しましょう。

① どうぞお料理をいただいてください。

　　［　　　　　　　　　　　　　　　　　　　　　　　　　　　　　　　　　］

② どうぞ拝見してください。

　　［　　　　　　　　　　　　　　　　　　　　　　　　　　　　　　　　　］

③ 私のお母さんもいらっしゃる予定です。

　　［　　　　　　　　　　　　　　　　　　　　　　　　　　　　　　　　　］

4. 次の言葉遣いに対応する敬語を ▢ に書きましょう。

① （行く）　　部長が ▢ ときに、私もお供して ▢ 。

② （する）　　お客様が ▢ ことはございません。私どもで

　　　　　　　▢ 。

③ （見る）　　課長がお書きになった資料を私は ▢ しましたが、部

　　　　　　　長ももう、▢ になりましたか。

④ （食べる）　あなたが ▢ ないのでしたら、私が ▢ 。

⑤ （いる）　　お客様が応接室に ▢ ますので、私どもはこちらに

　　　　　　　▢ 。

⑥ （言う）　　どのように ▢ よいのか、どうぞ ▢

　　　　　　　ください。

⑦ （来る・行く）お客様がまもなく ▢ ますので、私は後ほど

　　　　　　　▢ 。

言葉遣い

応用問題

1. 次は、ビジネスの場での言葉遣いです。空欄を埋めましょう。

①部長が退社した後に、専務が「部長は?」とあなたに聞きました。あなたはどう答えますか。

②お客様がおいでになり、課長が「応接室に案内して」とあなたに指示しました。お客様を案内するときに何と声をかけますか。

③お客様が明日お店が休みかどうか確認するために、あなたに「明日は休みよね?」と聞いています。明日はお店の定休日です。どう答えますか。

④お客様が「吉川課長さん、いらっしゃいますか」とあなたに聞きました。吉川課長は席を離れて姿が見えません。「今いません」と答え、「あなたは誰ですか」とお客様に聞いてください。

⑤部長と一緒に外出します。そろそろ出かける時間であることを部長に知らせます。

⑥課長にお客様がお見えになりました。課長は面会中で、ちょっと待っていただくことになります。お客様に何と言いますか。

⑦先輩が外出先から帰社しました。先輩に何と言いますか。

⑧外出先の部長から「今日は直帰するから課長に伝えておいて」と電話がありました。課長に何と言いますか。

⑨斎藤課長を指名する電話がありましたが、課長は外出中で今日は戻って来ません。相手に何と言いますか。

⑩書類をファクスするように言われましたが、操作が分かりません。近くにいた先輩に聞きます。

⑪得意先から「斎藤さんに資料を送ったが、届いているか」という確認の電話がありました。斎藤さんに聞いたら、まだ届いていないようです。得意先に何と言いますか。

⑫あなたは３日と４日に休暇を取る予定です。上司に何と言いますか。

⑬上司から接客のしかたがよくないと注意されました。何と答えますか。

言葉遣い

実践問題

次は営業課の太田五郎が、迷惑をかけた得意先へ出すわび状の下書きを、係長に見てもらうために提出したときの、係長に対する言葉遣いである。中から不適当と思われるものを一つ選び、番号で答えなさい。

（1）「係長、先日の手違いは申し訳ありませんでした」
（2）「N社に出すわび状を書きましたが、ご覧くださいますか」
（3）「書いているとき、課長が通りかかって見せるように申されましたが」
（4）「不適切なところがありましたら、すぐに直します」
（5）「ご指導をよろしくお願いいたします」

ビジネス実務マナー検定過去問題

LESSON 4 電話応対

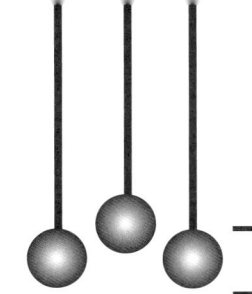

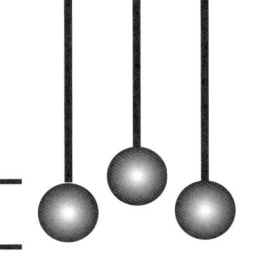

基礎問題

1. 次は電話をかけるときの言葉です。適切な言葉にしましょう。

①名乗る：私、早稲田工業の（　　　　）ですけど。

②取り次ぎを依頼する：営業部の斎藤さん、いますか？

③話をしてもよいか尋ねる：在庫確認をしたいのですが、いいですか？

④電話を切る：じゃ、さようなら。

⑤伝言をしてもらいたいんですが。

⑥課長が戻ったら電話をくれませんか。

2. 電話応対の場面です。空欄を埋めましょう。

①電話に出ます。

　　　「はい、［　　　　　　　　　　　　　　　］」

②何回も電話のベルが鳴り、待たせてしまいました。

　　　「［　　　　　　　　　　　］。早稲田工業（〇〇部）でございます」

③電話であいさつをします。

　　　「いつも［　　　　　　　　　　　　　　］」

④先方が名乗らないとき。

　　　「失礼ですが、［　　　　　　　　　　　　　　　］」

　　　「恐れ入りますが、慶応商事の［　　　　　　　　　　　　　　　］」

⑤用件が分からなくて他の人に代わるとき。

　　　「［　　　　　　　　　　　　　　　　　　　　　　　　　　　］、

　　　少々お待ちください」

⑥上司や先輩あての電話を受けて。

　　　「［　　　　　　　　　　　　　　］。少々お待ちくださいませ」

⑦電話の声が聞き取りにくいとき。

　　　「申し訳ございませんが、［　　　　　　　　　　　　　　　］」

⑧名指し人が見当たらないとき。折り返し電話を。

「申し訳ございません。［　　　　　　　　　　　　　　　　　］。　戻りましたら、

［　　　　　　　　　　　　　　　　　　］」

⑨名指し人が外出中（会議中）のとき。

「申し訳ございません。○○は［　　　　　　　　　　　　　］（会議中でございます）。

○時頃に戻る（終わる）予定になっておりますが」

⑩伝言を依頼されたとき。

「確かに承りました。私、［　　　　　　　　　　　　　　　　　　　］」

⑪調べるために相手を待たせるとき。

「ただいまお調べいたしますので、［　　　　　　　　　　　　　　　　　　　］」

「少々時間がかかると思いますので、［　　　　　　　　　　　　　　　　　　］」

⑫名指し人が不在で、折り返し電話をするように頼まれたとき。

「［　　　　　　　　　　　　　］。　○○が戻り次第お電話するように申し伝えます。

念のために、［　　　　　　　　　　　　　　　　　　　　］」

電話応対

応用問題

1. 下は、今の早稲田工業株式会社の営業部の様子を示しています。

> 秋山部長　　出張中。明日帰社予定。
> 斎藤課長　　会議中。12時終了予定。
> 高橋さん　　電話中。
> 辺見さん　　在席。
> 広田さん　　コピーを取りにいっている。

現在、10月3日10時。電話がかかってきますが、どのように応対すればよいでしょうか。空欄を埋めましょう。

①電話が鳴りました。

（　　　）：_____

岸川　　　：私、南国トレーディングの岸川と申します。

（　　　）：_____

岸川　　　：こちらこそ、お世話になっております。恐れ入りますが、高橋さん、いらっしゃいますか。

（　　　）：_____

　　　　　　終わりましたら、折り返しお電話いたしましょうか。

岸川　　　：お願いします。

（　　　）：_____

岸川　　　：3245 - 6789 です。

（　　　）：_____

18

②電話が鳴りました。

(　　) :｢　　　　　　　　　　　　　　　　　　　｣

佐竹　　:おはようございます。山陽商事の佐竹と申します。

(　　) :｢　　　　　　　　　　　　　　　　　　　｣

佐竹　　:こちらこそ。課長さんをお願いします。

(　　) :｢　　　　　　　　　　　　　　　　　　　　　　　　　｣

佐竹　　:そうですか。では、辺見さんはいらっしゃいますか。

(　　) :｢　　　　　　　　　　　　　　　　　　　｣

辺見さんへ取り次ぐ

(　　) :｢　　　　　　　　　　　　　　　　　　　　　　　｣

③電話が鳴りました。

(　　) :｢　　　　　　　　　　　　　　　　　　　｣

吉田　　:斎藤さん、お願いします。

(　　) :｢　　　　　　　　　　　　　　　　　　　　　　　　　｣

吉田　　:失礼しました。北海エージェンシーの吉田です。

(　　) :北海エージェンシーの吉田様ですね。お世話になっております。
　　　　｢　　　　　　　　　　　　　　　　　　　　　　　　｣

吉田　　:それでは、また、後でかけ直します。

(　　) :｢　　　　　　　　　　　　　　　　　　　｣

電話応対

19

④電話が鳴りました。

(　　　)：[   ]

林　　　：私、アジア通信の林と申します。

(　　　)：[   ]

林　　　：こちらこそ、お世話になっております。恐れ入りますが、秋山部長さん、お願いします。

(　　　)：[   ]

林　　　：そうですか。では、課長さんはいらっしゃいますか。

(　　　)：[   ]

林　　　：そうですか。では、課長さんがお戻りになったらご連絡いただけますでしょうか。

(　　　)：[   ]

林　　　：3209－6201です。

(　　　)：[   ]
　　　　　では、確かに斎藤に申し伝えます。

⑤電話が鳴りました。

(　　　)：[   ]

佐賀　　：東京流通の佐賀と申しますが、広田さん、お願いします。

(　　　)：[   ]

佐賀　　：そうですか。では、伝言をお願いできますか。

（　　）：┌─────────────────┐
　　　　　└─────────────────┘

佐賀　　：先日お願いした契約の打ち合わせを、10日ではなく12日に変更していただきたい、とお伝えいただけますか。

（　　）：契約の打ち合わせを、10日ではなく12日に変更ですね。
　　　　　┌──────────────────────────────┐
　　　　　└──────────────────────────────┘

佐賀　　：（　　　　）さんですね。それではよろしくお願いします。

（　　）：┌──────────┐
　　　　　└──────────┘

伝言メモに記入しましょう。

```
                電話伝言メモ

            _____ 様あて


    月    日   時   分           _____ 受

            _____ 様から

    ☐ 電話がありました
    ☐ 電話をいただきたい（TEL          ）
    ☐ もう一度電話します（　時　分ごろ）

    ご用件
    _____
    _____
    _____
    _____
                                以上
```

電話応対

実践問題

次は斉藤智子の、電話応答での相手を気遣った内容の確かめ方である。中から<u>不適当</u>と思われるものを一つ選び、番号で答えなさい。

（1）相手が5時のことを「ジュウシチ（17）時」と言ったときは、「午後5時でございますね」と言って確かめている。
（2）こちらの話に、相手にはっきりした反応がないときには、「それでよろしいでしょうか」のように言って確かめている。
（3）相手からの用件を聞き終わったら、内容を復唱して、最後に「以上でよろしいでしょうか」のように言って確かめている。
（4）相手からの用件がはっきりしない場合は、そのときは確かめず、後でかけ直して「このようなことでしょうか」と言って確かめている。

ビジネス電話検定過去問題

LESSON 5
受付と訪問

基礎問題

1. 立ち姿勢、お辞儀の練習をしましょう。

会釈　　　　　　　　　敬礼　　　　　　　　　最敬礼

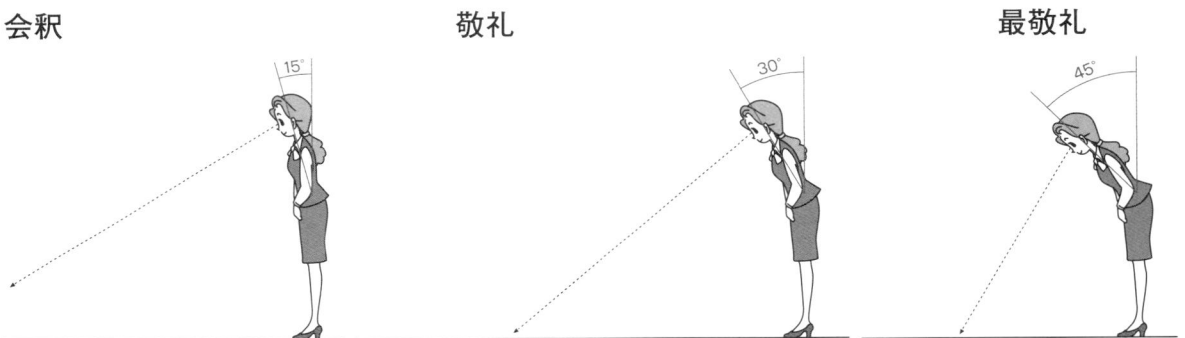

2. 名刺の受け渡しの練習をしましょう。

①受け方

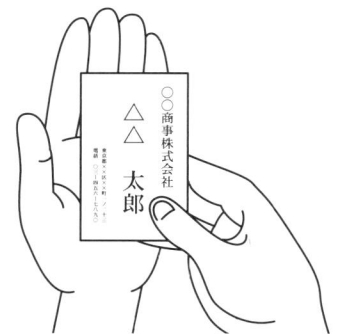

②渡し方

受付と訪問

来客	受付
失礼します。（名刺を出す） 慶応商事の（　　）と申します。前田部長さんいらっしゃいますでしょうか。	（名刺を見て）慶応商事の（　　）様でいらっしゃいますね。 いつもお世話になっております。

来客	受付
ごめんください。 慶応商事の（　　）と申します。前田部長にお約束をいただいているのですが、いらっしゃいますか。	（お客様の顔を見て）慶応商事の（　　）様でいらっしゃいますね。 いつもお世話になっております。 お待ちしておりました。

来客	受付
吉川課長さんをお願いします。 申し遅れました。慶応商事の（　　）と申します。	（名前を尋ねる）　失礼ですが、どちら様でいらっしゃいますか。 慶応商事の（　　）様でいらっしゃいますね。 いつもお世話になっております。

応用問題

1. 空欄を埋めて、お客様との応対を練習しましょう。

来客：こんにちは。

受付：_____

来客：電子工業の横山と申します。

受付：_____

来客：秋山部長様、いらっしゃいますでしょうか。

受付：_____

来客：はい。先日ご依頼をいただきました製品のパンフレットをお持ちいたしました。

受付：_____

2. 空欄を埋めて、名刺の受け渡しの練習をしましょう。

来客：失礼します。

受付：_____

来客：電子工業の横山と申しますが、(名刺を手渡す)秋山部長さんをお願いいたします。先月からお取り引きいただいていまして、ごあいさつに伺いました。

受付：(名刺を受け取り)_____

3. 空欄を埋めて、受付と取り次ぎの練習をしましょう。

来客：ごめんください。

受付：[　　　　　　　　　　　]

来客：秋山部長さんをお願いしたいのですが。

受付：（誰かを確認）[　　　　　　　　　　　　　　　　]

来客：電子工業の横山と申します。（名刺を手渡す）先月からお取り引きいただいていまして、ごあいさつに伺いました。

受付：（名刺を受け取り）[　　　　　　　　　　　　　　　]

部長へ取り次ぐ

受付：（名刺を差し出し）[　　　　　　　　　　　　　　]

部長：応接室へご案内してください。

4. 空欄を埋めて、アポイントメントの確認できないお客様との応対を練習しましょう。

来客：ごめんください。

受付：[　　　　　　　　　]

来客：電子工業の横山と申します。秋山部長さんをお願いしたいのですが。

受付：[　　　　　　　　　　　　　　　　　　　]
　　　（予約を確認）[　　　　　　　　　　　　　]

来客：はい、3時に面会をお願いしています。

5. 不意の来客が訪ねてきました。秋山部長は出張中で明日帰ってきます。空欄を埋めて、応対を練習しましょう。

来客：ごめんください。

受付：[　　　　　　　　　　　　　　　]

来客：電子工業の横山と申しますが、秋山部長様はいらっしゃいますでしょうか。

受付：[　　　　　　　　　　　　　　　　　　　　　　　　　　　]

（用件を確認）[　　　　　　　　　　　　　　　　　　　]

来客：ちょっと、取引の件で部長さんに確認しておきたいことがあるのですが。

（秋山部長出張のため、明日こちらから連絡するようにする）

受付：[　　　　　　　　　　　　　　　　　　　　　　　　　　　　　　　　　]

6. 不意の来客が訪ねてきました。秋山部長は会議中です。予定では、会議はあと20分ぐらいかかります。空欄を埋めて、応対を練習しましょう。

来客：失礼します。

受付：[　　　　　　　　　　　　　　　]

来客：電子工業の横山と申しますが、秋山部長様はいらっしゃいますでしょうか。

受付：[　　　　　　　　　　　　　　　　　　　　　]

来客：実は、異動で大阪へ転勤することになりまして、部長さんにはたいへんお世話になりましたので、ごあいさつに伺ったのですが。

受付：[　　　　　　　　　　　　　　　　　　　　　　　　　　　　　　　　　]

応用問題 — ロールプレイング

来客	受付	上司
ごめんください。 早稲田工業の（　　）と申します。（　　）部長さんはいらっしゃいますか。	いらっしゃいませ。 お世話になっております。3時にお約束の早稲田工業の（　　）様でいらっしゃいますね。お待ちしておりました。ただいま（　　）にお取り次ぎいたしますので少々お待ちください。 （取り次ぐ） 3時にお約束の早稲田工業の（　　）様がお見えになりました。	
		応接室へご案内して。
	承知しました。 （来客に向かって） お待たせいたしました。ご案内いたします。どうぞこちらへ。	
ありがとうございます。		
	部長、早稲田工業の（　　）様です。	
（上司に向かって） お忙しいところ恐れ入ります。 （名刺を交換しながら） 早稲田工業の（　　）と申します。いつもお世話になっております。		（立ち上がり、客に向かって） こちらこそお世話になります。 （名刺を交換しながら） （　　）です。よろしくお願いいたします。

（こちらでございます）

来客	受付
ごめんください。 (名刺を出しながら) 早稲田工業の（　　）と申します。 斎藤課長さんはいらっしゃいますか。 いえ、実は来月、本社に戻ることになりまして、転勤のごあいさつに伺ったのですが。 ありがとうございます。	いらっしゃいませ。 早稲田工業の（　　）様でいらっしゃいますね。お世話になっております。 失礼ですが、お約束はいただいておりますでしょうか。 さようでございますか。 ご丁寧にありがとうございます。恐れ入りますが、こちらで少々お待ちくださいますか。 (会議中の斎藤課長にメモで知らせたところ「応接室へ」との指示) 大変お待たせいたしました。 お目にかかりたいと申しておりますので、応接室にご案内いたします。 こちらへどうぞ。

実際に案内し、応接室へ通してください。
どの席をお客様にすすめますか。

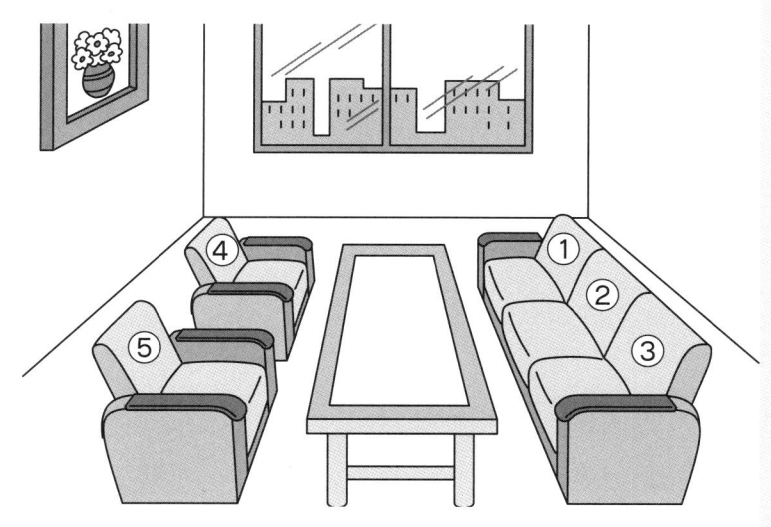

来客	受付
失礼します。 （名刺を出しながら）こういう者ですが。	
	いらっしゃいませ。 （名刺の名前が変わっている） 失礼ですが、何とお読みすればよろしいのでしょうか。
来馬（クルバ）と申します。	
	ハウス物産のクルバ様でいらっしゃいますね。お世話になっております。
課長の斎藤さんにお目にかかりたいのですが。	
	申し訳ございませんが、本日斎藤は休みをいただいているのですが。
あ、そうですか。先日納めていただいた新製品のことで伺ったのですが。	
	さようでございますか。 よろしければ代わりの者ではいかがでしょうか。高橋という者がおりますので。
はい、それではお願いします。	

来客	受付
ごめんください。 専門図書物流の大林と申しますが。秋山部長さんいらっしゃいますか。	いらっしゃいませ。 専門図書物流の大林様ですね。いつもお世話になっております。 あいにく秋山は外出中でございまして、戻りが6時となっております。 失礼ですが、ご面会のお約束をいただいておりましたでしょうか。
いえ、ちょっと近くに来たものですから。	さようでございますか。 よろしければ代わりの者ではいかがでしょうか。
いや、秋山さんでないと分からないことなので。	私（　　　）と申しますが、もしお差し支えなければお言付けを承りますが。
そうですか。では、進行中の物流改革案の件で至急ご相談したいことがあると伝言していただけますか。	かしこまりました。 進行中の物流改革案の件で、大林様に至急ご連絡するように申し伝えます。
それじゃ、お願いします。	せっかくお越しいただきましたのに、申し訳ございませんでした。

実践問題

次は秘書Aが、受付で行っていることである。中から不適当と思われるものを選びなさい。

（1）客の姿が見えたらすぐに立ち上がり、近づいたら「いらっしゃいませ」と言っている。
（2）上司が不在中の不意の来客には、外出した用件と帰社予定時刻を伝え、どのようにするか尋ねている。
（3）客が重なり受け付けが後になる客には、「少々お待ちくださいませ」などのように声をかけている。
（4）客から名刺を出されたら「お預かりいたします」と言って両手で受け取り、会社名と氏名を確認している。
（5）不意の客は、上司が在席していてもそのことは言わずに待ってもらい、どうすればよいかを上司に確認している。

秘書検定過去問題

LESSON 6 ビジネス文書

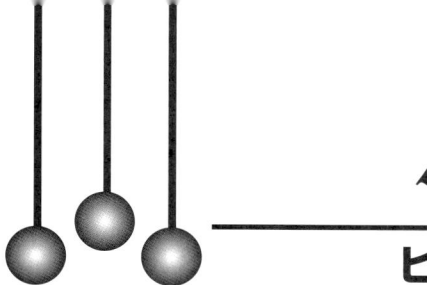

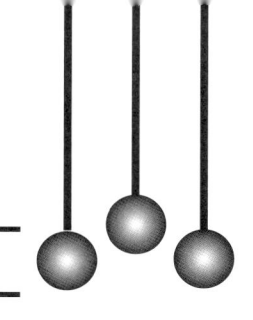

基礎問題

1. 次は、ビジネス文書です。空欄を埋めましょう。

令和○年9月5日

国立商事株式会社
　　　仕入課御中

株式会社八幡工業
営業部第1課

[　　　　　　　　　　　　]

　拝啓　貴社ますますご発展のこととお喜び申し上げます。
　さて、本日、下記の商品を発送いたしましたので、ご確認くださいますよう、お願い申し上げます。
　今後とも、多少にかかわらずご用命のほど、お願い申し上げます。

[　　　　]

[　　　　]

1　品　名　ＡＧ 2000
2　数　量　200ケース

[　　　　]

担当　営業課　井上

応用問題

1. 次の内容の社内文書を上司に指示されました。作ってみましょう。

文書番号	営発第456号
発信日付	令和〇年5月12日
受信者名	課長たち
発信者名	秋山営業部長
内　　容	5月30日（木）9：00から12：00に、第3研修室で新商品説明会を行う。資料は席上で配布する。
担 当 者	辺見（内線123）

ビジネス文書

2. 会社の電話番号が変わることになり、その案内文を社外に発信します。作ってみましょう。

文書番号　　総発1234号
日　　付　　令和○年4月1日
受信者名　　東京工業会会員たち
発信者名　　早稲田工業（株）総務部
変 更 日　　4月10日（火）から
新電話番号　03-3123-4567（代）
担　　当　　総務部　友田　電話03-3123-8901

3. 会社で新商品発表会を開くことになりました。案内文を作ってみましょう。

文書番号	営発第 5689 号
日　付	令和○年 10 月 1 日
受信者名	お得意様
発信者名	早稲田工業（株）　代表取締役社長　早稲田一郎
内　容	新商品「CPO-7000」発表
日　時	令和○年 11 月 1 日　16：00
会　場	慶応ホテル「鳳凰の間」
担　当	営業部　斎藤　電話 03-3123-4567（直通）

ビジネス文書

実践問題

次の内容を、社内にカフェテリア設置を知らせる案内文にしなさい。

1 発信日　令和○年7月1日
2 受信者　全社員
3 発信者　総務部長
4 表　題　適切と思われるものをつけなさい。

　今度、カフェテリアを設置することになったので、案内する。利用開始は7月15日からで、場所は8階の社員食堂に隣接した所である。座席の数は40席で、10時30分から16時まで利用できる。
　なお、原則として社内会議用としての利用は禁止する。

ビジネス文書検定過去問題

常識資料集

このテキストの演習、また、ビジネスの場で実際に役立つ資料を掲載しています。解答欄を埋めて、資料集にしましょう。

資料1　　　敬　語

1. 敬語の基本用法

型	尊敬語		謙譲語
	れる・られる型	お～になる・ご～なさる型 （れる・られる型よりも敬意が強い）	お（ご）～する・ お（ご）～いたす型
主語	相手	相手	自分
書く	書かれる	[　　　]	お書きする
読む	読まれる	お読みになる	お読みする
連絡する	連絡される	ご連絡なさる	[　　　]
する	される	＊なさる	＊いたす
いる		＊[　　　]・おいでになる	＊おる
来る	来られる	＊[　　　]	＊参る
行く	行かれる	＊いらっしゃる	＊参る・伺う
言う	言われる	＊[　　　]	＊申す・申し上げる
聞く	聞かれる	お聞きになる	＊[　　　]・拝聴する
見る	見られる	＊ご覧になる	＊拝見する
食べる	食べられる	＊召し上がる	＊[　　　]

＊印は、例外　「交換形式」という

2. 「お（ご）」の使い方

1.真に尊敬の意を表す言葉	社長の<u>お</u>考え 部長の<u>ご</u>出席
2.相手の物事を表す言葉	<u>お</u>荷物 <u>お</u>名前を伺う
3.慣用が固定している言葉	<u>お</u>はようございます <u>ご</u>飯
4.自分のことだが、相手に関係するため、 　つけるのが慣用になっている言葉	<u>お</u>手紙を差し上げる <u>ご</u>返事いたします
5.接頭語と接尾語の両方が用いられる 　慣用的な言葉	<u>お</u>客様 <u>お</u>疲れさま

3. 改まった言い方

	普通の言い方	改まった言い方
人の呼び方	わたし、わたし達	わたくし、わたくしども
	うちの会社	わたくしどもの会社、当社
	あなたの会社	そちら様の会社、
	誰	どちら様、どなた様
	あの人	
	○○会社の人、男の人、女の人	○○会社の方、男の方、女の方
	そっちの人、あっちの人	そちらの方、あちらの方
間違いやすい敬語（尊敬語と謙譲語）	お客様がいます	お客様が
	私がいます	私がおります
	お客様がそっちへ行きます	お客様がそちらへいらっしゃいます
	私がそっちへ行きます	私がそちらへ参ります
	お客様が見ました	お客様がご覧になりました
	私が見ました	私が
	お客様が言いました	お客様がおっしゃいました
	私が言いました	私が申しました
	お客様が食べました	お客様が
	私が食べました	私が頂きました
覚えておきたい接遇用語	ありません	ございません
	できません	
	知りません	存じません
	わかりました	、承知いたしました
	ちょっと待ってください	少々お待ちくださいませ
	～してもらえせませんか？	～していただけませんでしょうか？
	いま席にいません	ただいま席を外しております
	お客様が来ました	お客様がいらっしゃいました（お見えになりました、おいでになりました）
	もう一回言ってくれますか？	もう一度
	用件を聞きます	ご用件を承ります（伺います）
	これでどうでしょうか	これでいかがでしょうか
	気に入りましたか？	お気に召しましたか？
	課長（自社）に言っておきます	課長に

資料2　　　　　応　対

1. 応接室へ案内するとき

[外開きのドア]

[内開きのドア]

① 応接室の前に来たら、来客に「　　　　　　　　　　　」と声をかける。
② ドアをノックして、部屋が空いていることを確かめる。
③ 外開きのときは来客を「　　　　」に中に招き入れ、内開きのときは案内人が先に中に入ってから来客を招き入れる。
　いずれも、「どうぞ」と言って招き入れる。
④ 室内では、「こちらにおかけになってください」と言って、「　　　　」の席をすすめる。
⑤ 上座は　(1) 入り口から遠い席
　　　　　(2) 長椅子（ソファ）
⑥ 「ただいま参りますので、少々お待ちくださいませ」と言って一礼し、退室。部屋の表示を「使用中」にしておく。

2. 応接室の席次

入り口から[____]ほど上位。

3. お茶の出し方

お茶の入れ方

①急須と湯飲みをあたためる。
②急須にお茶の葉を入れ、適温のお湯を注ぐ。
③お茶の濃さが均一になるように回しつぎをし、[___]分目ぐらいにつぐ。
④糸底の水気を布巾で拭く。

お茶を運ぶとき

湯飲みと茶たくを別々に載せる。
茶たくは重ね、布巾を用意。お盆を胸よりも少し高めに、少し片側に寄せて運ぶ。

来客にお茶を出すとき

茶たくに湯飲みを載せる。湯飲みの正面（模様がある方）が、来客に向くように[_____]の来客から「どうぞ」と声をかけて配る。

お菓子を出すとき
菓子を出すときは、[_____]を先に出す。来客から見て[____]側が菓子、[____]側がお茶。

4. 席次

運転手のいる席次

取引先、親しい友人などが運転する場合、オーナードライバーに敬意を表して④に座ることもある。

和室での席次

入り口から遠い席で
掛け軸等を背にするところが[____]。

資料3　慶事と弔事

1. 上書き／水引の知識

目的	上書き	水引
結婚祝い	御結婚御祝	紅白　金銀　結び切り
賀寿	寿　祝古希など	紅白　　　ちょう結び
慶事一般	祝○○など	ちょう結び
病気見舞い	御見舞	白封筒
お礼一般	御礼	紅白　　　ちょう結び
餞別	御餞別	紅白　　　ちょう結び
結婚式の引き出物	寿	紅白　金銀
慶事の当人からのお返し		紅白　　　ちょう結び
病気回復のお返し	快気祝	紅白　　　結び切り
忌明け・香典返し	志　忌明け	黒白

2. 返信はがきの書き方

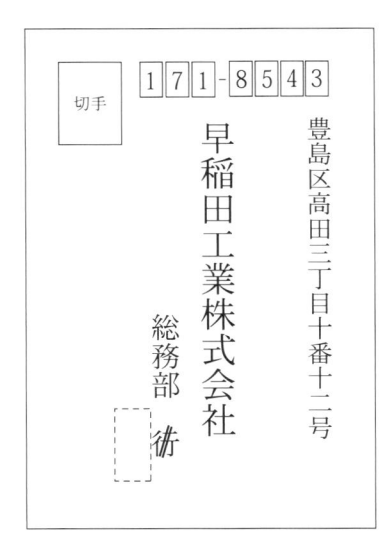

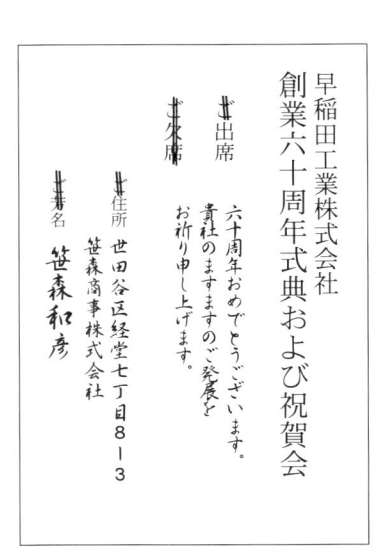

【宛名面】
171-8543
豊島区高田三丁目十番十二号
早稲田工業株式会社
総務部　術

【文面】
早稲田工業株式会社
創業六十周年式典および祝賀会

ご欠席

ご出席　六十周年おめでとうございます。貴社のますますのご発展をお祈り申し上げます。

ご住所　世田谷区経堂七丁目8-3
　　　　笹森商事株式会社

ご芳名　笹森和彦

資料4　ビジネス文書

1. 社外文書の基本様式

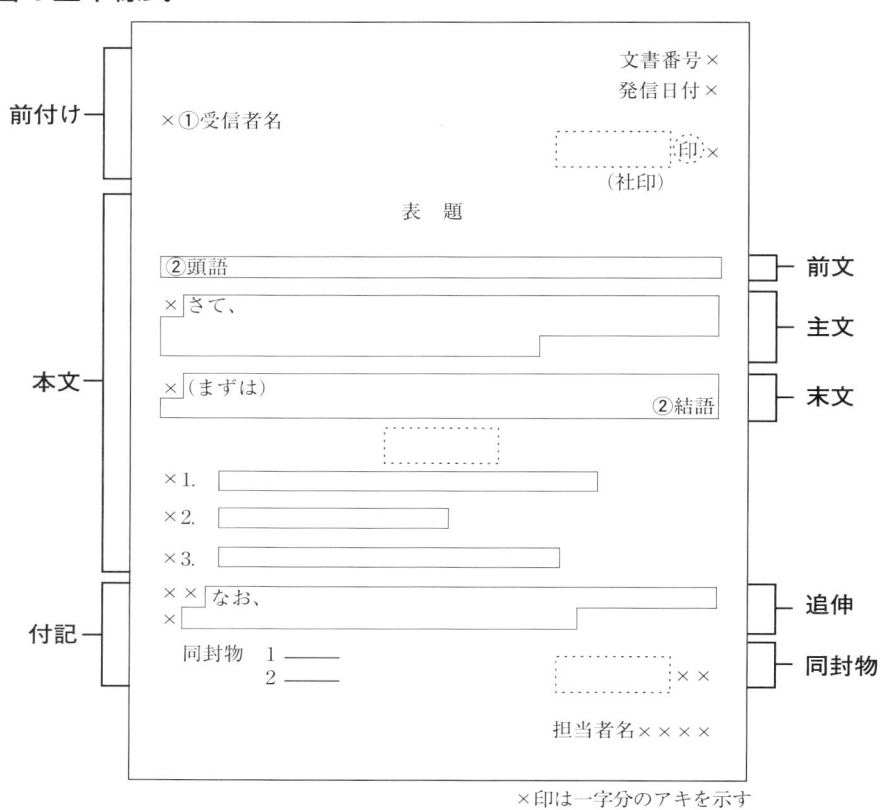

前付け
- ①受信者名
- 文書番号
- 発信日付
- 印（社印）

本文
- 表題
- 前文：②頭語
- 主文：さて、
- 末文：（まずは）　②結語

付記
- 追伸：なお、
- 同封物　1——
- 　　　　2——
- 担当者名

※×印は一字分のアキを示す

①受信者名

受信者の会社名、役職名、氏名、敬称を書く。

宛て名	敬称
会社　官庁　団体	
役職名	殿
職名付き個人名	殿（様）
個人名	様　先生
同文を多数に宛てる場合	

②頭語と結語

	普通の場合	丁寧な場合	簡単な場合	返信の場合
頭語	拝啓	謹啓	――	
結語		敬白	草々　以上	敬具

参考図書
青木テル著『ビジネスマナー』
浅岡柚美著『秘書実務　高等学校用教科書』
武田秀子・岡田小夜子共著『秘書・オフィス実務』
　　　　　　　　　以上すべて早稲田教育出版

ビジネスマナー基礎実習〈新版〉

2005 年 2 月 20 日　改訂初版発行
2025 年 4 月 10 日　　第11刷発行

編著者　早稲田教育出版編集部 ©

発行者　笹 森 哲 夫
発行所　早稲田教育出版
　　　　〒 169-0075
　　　　東京都新宿区高田馬場一丁目 4 番 15 号
　　　　株式会社早稲田ビジネスサービス
　　　　　　https://www.waseda.gr.jp/
　　　　　　電話　（03）3209-6201

落丁本・乱丁本はお取り替えいたします。